LE
SACRÉ-COEUR
ET LA FRANCE

ALLOCUTION PRONONCÉE DANS L'ÉGLISE DE PARAY-LE-MONIAL
LE 24 JUIN 1873

SUIVIE

DU MISERERE DE LA FRANCE

Par Monseigneur TURINAZ

ÉVÈQUE DE TARENTAISE, PRÉLAT DE LA MAISON DE SA SAINTETÉ,
ÉVÈQUE ASSISTANT AU TRONE PONTIFICAL.

PARIS

VICTOR PALMÉ, LIBRAIRE-ÉDITEUR

RUE DE GRENELLE SAINT-GERMAIN, 25

1873

LE
SACRÉ-COEUR
ET LA FRANCE

ALLOCUTION PRONONCÉE DANS L'ÉGLISE DE PARAY-LE-MONIAL

LE 24 JUIN 1873

SUIVIE

DU MISERERE DE LA FRANCE

Par Monseigneur TURINAZ

ÉVÊQUE DE TARENTAISE, PRÉLAT DE LA MAISON DE SA SAINTETÉ,
ÉVÊQUE ASSISTANT AU TRONE PONTIFICAL.

PARIS

VICTOR PALMÉ, LIBRAIRE-ÉDITEUR

RUE DE GRENELLE SAINT-GERMAIN, 25

1873

LE SACRÉ-CŒUR ET LA FRANCE

ALLOCUTION PRONONCÉE DANS L'ÉGLISE DE PARAY-LE-MONIAL

LE 24 JUIN 1873

Dabo eis cor ut sciant me, et erunt mihi in populum et ego ero eis in Deum; quia revertentur ad me in toto corde suo.

Je leur donnerai mon cœur afin qu'ils me connaissent, et ils seront mon peuple et je serai leur Dieu ; car ils reviendront à moi de tout leur cœur. Jérémie, XXIV, 7.

MESSEIGNEURS (1),
MES FRÈRES,

J'ai cherché dans les pages inspirées des livres saints une parole capable d'exprimer les émotions saintes de la France, cet enthousiasme qui saisit et emporte vers Dieu toutes les âmes. J'ai cherché une parole capable d'exprimer cette alliance intime, admirable entre le cœur de Jésus et le cœur de la France, et mon âme émue s'est rappelé ces accents que le Seigneur lui-même a mis sur les lèvres de son Prophète : *Je leur donnerai mon cœur afin qu'ils me connaissent*

(1) Les pèlerins de la Savoie au nombre de six cents avaient à leur tête Mgr Magnin, évêque d'Annecy, Mgr Gros, évêque démissionnaire de Tarentaise, et Mgr Turinaz, évêque de Tarentaise. Mgr l'évêque d'Autun assistait aussi au sermon.

et ils seront mon peuple et je serai leur Dieu ; car ils reviendront à moi de tout leur cœur.

Là, mes Frères, est tout le mystère de ces grandes et incomparables fêtes. Jésus-Christ a donné son cœur à la France, la France a donné son cœur à Jésus ; Jésus-Christ a choisi la France pour être son peuple et la France a choisi Jésus-Christ pour son Maître, son Seigneur et son Dieu. La France se lève, elle se met en marche, elle vient se donner à Jésus dans l'élan de son cœur. *Dabo eis cor ut sciant me, et erunt mihi in populum, et ego ero eis in Deum ; quia revertentur ad me in toto corde suo.*

Vous avez voulu, Messeigneurs, que le dernier des évêques de France se fît entendre sous ces voûtes sacrées qu'ont fait retentir les accents de la plus haute éloquence ; vous avez voulu, Pèlerins de la Savoie, que ma parole fût l'interprète de votre piété si vive, de votre charité si ardente. Vous avez voulu retrouver, en quelque chose du moins, dans la splendeur de ces fêtes, l'humilité si chère au cœur de Jésus, et c'est pour cela sans doute que vous m'avez choisi.

Mais que dirai-je qui réponde à votre attente, que dirai-je qui soit digne de cette grande assemblée, digne des espérances de la France, digne du cœur de Jésus-Christ ? J'interrogerai ce cœur adorable, je mettrai ma main sur le cœur de la France. Je dirai que Jésus-Christ s'est donné à elle dans cette dévotion si consolante et si douce, dans une vocation sublime et dans l'abîme de ses infortunes. En trois paroles : la dévotion au Sacré-Cœur et la France, le Sacré-Cœur

et la mission de la France, le Sacré-Cœur et les malheurs de la France.

O Cœur de Jésus, vous qui attirez à vous ces multitudes immenses, vous qui soulevez ce peuple tout en-
tier, laissez venir jusqu'à moi, jusqu'à ma faiblesse,
jusqu'à mon indignité une étincelle de votre amour ;
que l'on sente passer dans ma parole ce feu divin et
comme un battement de votre cœur.

I

Et d'abord, mes Frères, la dévotion au Sacré-Cœur
de Jésus a une origine française.

C'est dans cette ville bénie de Paray-le-Monial, dans
cet humble monastère que des milliers de pèlerins
viennent aujourd'hui visiter, c'est ici que Dieu a placé
le berceau de cette dévotion admirable.

A une époque de luttes religieuses, qui menaçaient de
livrer la France à la domination de l'étranger, et au joug
plus désastreux mille fois de l'hérésie et du schisme,
la ville de Paray-le-Monial comptait à peine douze familles catholiques. Dans cette vallée qui a été nommée
le Val-d'Or, sur ce sol fertile où tout semble sourire
à la vie, les âmes entraînées par les plaisirs oubliaient
leurs destinées surhumaines et les espérances immor-
telles. Pour relever ces âmes vers les hauteurs célestes
par le spectacle du détachement, par l'ascendant de
grandes et fortes vertus, le zèle d'un religieux de la
Compagnie de Jésus établit en 1626, à Paray, un
monastère de la Visitation. Plus tard, lorsque la peste,

qui parcourait la France semant sur son passage la désolation et la mort, vint s'abattre sur Paray, les filles de sainte Jeanne de Chantal, vaillantes, héroïques parce qu'elles étaient saintes, restèrent ici, entourées de morts et de mourants, et partagèrent avec tous les infortunés leurs dernières ressources. Elles ne quittèrent leur monastère que sur les ordres pressants et réitérés de leurs supérieurs, mais pour revenir bientôt au milieu des acclamations du peuple.

C'est dans cette pieuse maison, sur cette terre éminemment française, dans cette riche et illustre province de Bourgogne, que Dieu a voulu révéler la dévotion au cœur adorable de son Fils ; il a voulu lui donner pour berceau non-seulement le sol de la France, mais encore un cœur français, le cœur d'un enfant du Charollais. Il avait choisi ce cœur, il l'avait préparé par l'abondance de ses dons à ses révélations les plus célestes peut-être qui aient été accordées aux âmes privilégiées de sa tendresse.

Un jour, pendant l'octave du Saint-Sacrement, Jésus apparaît à la bienheureuse Marguerite-Marie, et lui découvrant son cœur, il lui dit :

« Voilà ce cœur qui a tant aimé les hommes, qu'il n'a rien épargné, jusqu'à s'épuiser et se consumer pour leur témoigner son amour ; et pour reconnaissance, je ne reçois de la plupart que des ingratitudes par les mépris, irrévérences, sacriléges et froideurs qu'ils ont pour moi dans ce sacrement d'amour. » Jésus demanda qu'une fête fût instituée le vendredi après l'octave du Saint-Sacrement, en l'honneur de son cœur sacré, pour réparer les outrages qu'il reçoit dans le sacrement de son amour.

Ainsi, c'est à la France, c'est à une fille de ce peuple généreux que Jésus-Christ montre d'abord son cœur.

Bientôt cette dévotion se répand, malgré les contradictions qui ne font jamais défaut aux œuvres de Dieu. L'humble religieuse supporte avec une fermeté indomptable et une confiance que rien ne déconcerte, les mépris et les persécutions. Le Fils de Dieu la console, l'encourage, lui dévoile les secrets de son cœur et lui fait entendre de magnifiques promesses.

Quelques années se sont écoulées, les monastères de la Visitation célèbrent la fête du Sacré-Cœur, des autels lui sont consacrés, le clergé et les ordres religieux propagent son culte, et son image est placée auprès de tous les foyers chrétiens.

La ville de Marseille, décimée par la peste se consacre elle-même au cœur de Jésus. Son évêque héroïque apparaît le jour de la Toussaint sur la place publique, entouré des débris de son clergé, les pieds nus, la corde au cou, la croix entre les bras, au milieu d'un silence qu'interrompent les gémissements et les sanglots de la foule, il prononce une amende honorable et un acte de consécration au cœur de Jésus. Le terrible fléau recule devant ce rempart de l'amour divin qui protége la ville infortunée. Aix, Arles, Toulon, Autun, Lyon imitent l'exemple de Marseille, et la dévotion au cœur de l'adorable Jésus se répand, portée d'une extrémité de la France à l'autre par le malheur, par la confiance et par la reconnaissance des peuples.

Le jansénisme essaie d'arrêter, par ses désolantes doctrines et par ses subtilités sacriléges, cette marche conquérante ; mais c'est en vain, le cœur de la France bat sur le cœur de Jésus : entre ces deux cœurs, c'est à jamais.

En 1765, les évêques présents à l'assemblée générale du clergé de France, s'engagent à établir dans leurs diocèses la dévotion et l'office du Sacré-Cœur. Les autres évêques les imitent, et les voix les plus éloquentes de l'épiscopat français révèlent aux peuples les trésors de ce cœur divin. Les missionnaires français portent cette dévotion dans la Chine, dans l'Inde, à l'Orient et à l'Occident, dans les sables du Midi et dans les glaces du Nord, partout où pénètre leur infatigable apostolat. Un d'entre eux donne à une tribu sauvage qu'il a convertie, le nom de *Tribu du Sacré-Cœur*.

Aujourd'hui encore, au milieu du dix-neuvième siècle étonné de cet épanouissement admirable de la dévotion au cœur de Jésus, la France est au premier rang. C'est l'épiscopat français qui obtient du Souverain Pontife que la fête du Sacré-Cœur soit célébrée dans l'Eglise universelle. C'est la France qui, la première, se consacre au cœur de Jésus par un vœu national. C'est elle qui ressuscite les pèlerinages des siècles de foi, et qui s'ébranle tout entière dans un élan qui surpasse tout ce qu'elle pouvait espérer elle-même. Et voici que depuis bientôt un mois, les multitudes se pressent dans ce sanctuaire. Elles accourent des vallées et des montagnes, des plus humbles villages et de nos grandes cités. La France tout entière vient vers cette terre bénie, elle vient avec ses prêtres zélés, avec ses pontifes illustres, avec ses fidèles enthousiasmés, elle vient avec ses soldats valeureux, avec ses représentants qui comprennent que seul l'amour infini peut sauver notre patrie; elle vient avec les héros de Patay, avec les zouaves pontificaux.

Vous les avez vus, habitants de Paray-le-Monial, ces fils des Croisés, ces guerriers chrétiens qui, aux jours les plus sombres de nos défaites, protégeaient par leur audace héroïque l'armée française écrasée par le nombre, pénétraient, la bannière du Sacré-Cœur à la main, jusqu'au centre des bataillons ennemis, y jetaient l'épouvante et ajoutaient une page immortelle aux annales de notre gloire nationale.

Et nous aussi, pèlerins de la Savoie, nous avions ici notre place; nous ne pouvions être absents de ces fêtes sans trahir un devoir sacré, sans faillir à notre gloire.

Je l'ai dit, et je l'ai dit avec bonheur, c'est sur ce sol de la Bourgogne, c'est dans le cœur d'une fille du Charollais qu'est née cette dévotion sainte. Mais d'où est venu à ce monastère de Paray-le-Monial, d'où est venu à cette fille de la Visitation le premier souffle inspirateur? Ah! laissez-moi vous le dire avec un sentiment de légitime fierté: il est venu de nos montagnes, il est venu de votre ville d'Annecy, Monseigneur, il est venu du cœur de saint François de Sales.

Le grand évêque de Genève a laissé en héritage à

1.

ses filles la dévotion au cœur de Jésus. Il leur a donné pour devise la douceur et l'humilité de ce cœur divin. « Douceur et humilité disait-il, c'est là tout l'esprit de la Visitation, toute la perfection des filles de Sainte-Marie. » Il choisit pour les armoiries de son ordre le cœur de Jésus percé de deux flèches, enfermé dans une couronne d'épines et surmonté d'une croix, et envoyant ces armoiries à sainte Jeanne de Chantal, il lui écrit : « Notre petite congrégation est un ouvrage du cœur de Jésus et de Marie, le Sauveur nous a enfantés par l'ouverture de son cœur sacré. »

Dans ses entretiens avec la première communauté d'Annecy, dans ses entretiens où apparaissent tour à tour l'intelligence la plus élevée, la piété la plus tendre, la naïveté la plus exquise et la plus ravissante, le cœur de Jésus est l'école où le grand évêque ramène sans cesse ses chères filles de la Visitation.

Le souffle céleste qui a emporté la bienheureuse Marguerite-Marie sur ces hauteurs où le Fils de Dieu s'est révélé à elle, n'est-ce pas le souffle doux et puissant de la charité éternelle, qui anime toutes les traditions de son ordre ? N'est-ce pas ce souffle qui anime chaque parole du *traité* de saint François de Sales, *sur l'amour divin*, ce livre dans lequel éclate à chaque page la science du docteur, l'éloquence du poëte, et les ardeurs du Séraphin.

Coïncidence touchante et que je ne saurais oublier : les premières religieuses qui ont habité Paray-le-Monial étaient un essaim parti du couvent de Bellecour à Lyon, que dirigeait alors la mère de Blonay, cette grande âme que sainte Jeanne de Chantal appelait sa chère *Cadette*, que saint François de Sales avait surnommé la *Crême* de la Visitation et qui appartenait à l'une des plus anciennes familles de notre noblesse savoisienne.

La supérieure qui, pendant bien des années, a formé de ses mains douces et fortes l'âme de la Bienheureuse et qui a rendu à ses vertus le plus éclatant témoignage (1), est encore un enfant de notre Savoie, la mère Greyfié (2) qui mérita elle-même de recevoir du Fils de Dieu les plus consolantes promesses (3).

Voilà pourquoi nous sommes venus auprès de cette châsse sacrée, voilà pourquoi nous sommes venus de cette terre de Savoie qui a été le berceau de la Visitation, la patrie de saint François de Sales, de cette terre où sainte Jeanne de Chantal repose dans la paix et la gloire auprès du maître et du père de son âme.

Mais nous ne sommes pas venus sous la seule impulsion de ces grands souvenirs. Nous sommes venus encore dans l'élan de notre patriotisme, nous avons été avec vous dans la prospérité et dans la joie ; nous étions avec vous à cette époque où la France paraissait dominer l'Europe, à cette époque où toutes les nations accouraient à ses fêtes et venaient admirer les pro-

(1) Voyez le Mémoire de la Mère Greyfié.

(2) Voyez la Vie et les OEuvres de la bienheureuse, publiées par le monastère de la Visitation de Paray-le-Monial, t. Ier, p. 129.

(3) Les familles de Blonay et Greyfié de Bellecombe ont encore en Savoie des représentants qui portent noblement les grandes et pieuses traditions de leurs ancêtres.

diges de ses expositions universelles. Nous avons été avec vous au jour de l'humiliation et de la défaite ; nous avons pleuré avec les mêmes larmes les malheurs de notre commune patrie. Nos amis et nos frères sont tombés sur les mêmes champs de bataille. Nous devions être avec vous au jour de votre prière, au jour de vos grandes manifestations catholiques ; nous devions être avec vous au jour de la régénération, au jour de la résurrection de la France...... Voilà pourquoi nous sommes venus.

Mais je n'ai pas tout dit... Voyez sur nos bannières la Croix blanche de Savoie. Cette croix qui a été pendant tant de siècles sans reproche et sans tache, les regards attristés de l'univers catholique l'aperçoivent aux pieds du Calvaire du Vatican. Ah ! ce symbole de la bravoure et de la piété de nos pères, cet étendard des guerres saintes, ce drapeau de Lépante (1), nous avons voulu le faire apparaître dans ces manifestations

---

(1) Les princes de Savoie prirent plusieurs fois part aux Croisades. Le pape Pie V et Philippe II offrirent au duc de Savoie Emmanuel-Philibert le commandement en chef de la flotte chrétienne, destinée à arrêter les conquêtes des Turcs. Emmanuel-Philibert refusa. Toutefois il prit avec empressement une part active à la croisade, et fit partir de Villefranche treize galères sous le commandement d'André Provana. Le plan de campagne, combiné par le duc de Savoie à la prière du roi d'Espagne, fut exécuté par don Juan d'Autriche. Les troupes savoisiennes méritèrent à Lépante l'admiration des alliés. La galère *la Savoisienne*, montée par François de Savoie et le capitaine Chabert, lutta pendant trois heures contre sept navires ottomans et fut coulée à fond avec ses héroïques défenseurs.

de la foi catholique.... Le voici. Nous venons demander pour lui oubli et pardon au Dieu des miséricordes. Nous venons le purifier dans les flammes du cœur de Jésus-Christ.

II

Je vous ai dit ce que la France a été dans les desseins de Dieu pour la dévotion au Sacré-Cœur de Jésus, et maintenant laissez-moi vous dire les liens intimes, providentiels qui unissent la mission de la France à ce cœur divin.

Et d'abord, mes Frères, ce qui fait la mission d'un peuple, ce sont les dons de Dieu, et parmi ces dons le caractère national. Or, quand j'étudie notre caractère national, ce que je découvre comme son essence même, c'est la générosité.

La France a une âme généreuse, une âme qui tressaille sous tous les souffles venus d'en haut. Allez où vous voudrez sur cette terre de France, allez des rivages de la Bretagne aux montagnes de la Savoie ; de l'Alsace et de la Lorraine, si nobles, si fières, si fidèles dans leur malheur, aux populations ardentes du du midi ; adressez-vous à la science et à l'ignorance, aux puissants et aux faibles, aux femmes et aux petits enfants, à l'indigent dans sa misère, aux familles obscures ou aux races illustres ; adressez-vous au laboureur courbé sur ses sillons, à l'ouvrier que la corruption des grandes cités n'a pas perverti ; parlez de ce qui est beau, de ce qui est grand, de ce qui est héroïque, partout vous serez entendu.

Demandez à ce peuple des soldats, des missionnaires et des martyrs ; parlez-lui de l'Irlande qui meurt de faim, de la Pologne écrasée dans la servitude, de la sainte Eglise persécutée, trahie, abandonnée, du Père universel, qui tend la main à l'aumône de ses enfants. ..... Ce peuple de France vous donnera sans hésiter son travail, son or et son sang. D'autres peuples ont spéculé sur leurs victoires, sur la faiblesse des vaincus, la France ne l'a jamais fait.

Ah ! je le sais, cette générosité a été quelquefois aveugle, et aveugle jusqu'à la folie. La France a élevé des nations qui se sont retournées contre elle pour l'anéantir, ou qui l'ont abandonnée au jour de ses épreuves. Et pourtant je préfère mille fois l'aveuglement et les fautes de la générosité aux calculs et aux crimes de l'égoïsme.

Avec cette générosité, Dieu a donné à notre caractère national une activité prodigieuse, une vitalité qui survit à tous les désastres et qui domine toutes les ruines, une vitalité qui, au lendemain d'un écrasement où tout semblait devoir périr, fait apparaître la France forte, redoutable à ses vainqueurs, qui avaient espéré la broyer sous leurs chars de guerre.

Ils avaient cru, ces barbares qui se sont rués sur nous, ils avaient cru nous coucher au tombeau et le sceller pour jamais avec leur épée sanglante ; ils ont reculé nos frontières, ravi nos provinces, pillé nos villes, retourné contre nous nos forteresses ; ils ont imposé à la France une rançon qu'ils jugeaient impossible..... Eh bien ! ils se sont trompés ! Demain cette rançon sera payée. La

France demande une trêve à l'anarchie qui la menace, elle demande un peu de sécurité sous un bras honnête et vigoureux, et demain elle se lèvera ; purifiée et éclairée par ses malheurs, elle reprendra son drapeau un instant humilié, elle sera encore la terreur de ses ennemis, l'auxiliaire de Dieu, le chevalier de toutes les saintes causes.

Avec cette générosité et cette vitalité incomparables, Dieu a donné à la France une intelligence d'élite, une intelligence ouverte à toutes les hautes pensées. Sans doute on a reproché, et avec raison, à cette intelligence de ne pas s'élever jusqu'aux questions doctrinales les plus sublimes, de ne pas pénétrer avec assez de persévérance jusqu'aux premières assises des problèmes les plus ardus, de ne pas parcourir avec assez de patience les champs de l'érudition ; mais lorsque ces deux grandes vertus, la patience et la persévérance sont unies aux dons si riches de sa nature, l'intelligence française accomplit des prodiges. Alors elle multiplie ses grands hommes, elle arrive aux plus hauts sommets de toutes les sciences, elle fonde des universités, qui bientôt n'ont pas de rivales, ces universités catholiques qui ont été une des forces et une des gloires du moyen âge et que l'épiscopat français ressuscitera, soyez-en sûrs ; c'est son devoir, et il n'y faillira pas. Vous vous rappelez ces grandes écoles, ou saint Bonaventure se faisait entendre avec saint Thomas d'Aquin, et, (permettez ce souvenir à un évêque de Tarentaise,) où un fils de nos montagnes remplaçait dans sa chaire illustre le Docteur Angélique. Cet humble religieux, appelé plus tard aux honneurs de l'Eglise, archevêque de Lyon, cardinal, pape sous le nom d'Innocent V, est resté dans l'histoire de la théologie sous le nom de Pierre de Tarentaise.

Cette intelligence si souple, si vive et si féconde est servie par une langue précise, lumineuse et forte, et par cette éloquence qui jaillit des lèvres et du cœur des enfants de la France. De tous ces dons, de cette générosité, de cette activité, de cet ascendant de l'intelligence et de la parole, Dieu a formé le prosélytisme du peuple français, prosélytisme ardent, infatigable, qui est une merveilleuse puissance.

Mais qui développera ces dons admirables, qui dilatera cette âme généreuse, qui élèvera cette intelligence, qui donnera un libre essor à cette vie, qui communiquera aux enfants de la France les inspirations de l'éloquence, de cette éloquence qui emporte sur ses ailes vers le bien, le vrai et le beau les multitudes frémissantes et ravies? Qui maintiendra ce prosélytisme dans les voies de la vérité et de la justice? Qui, mes Frères, si ce n'est la vérité sans ombre, la justice parfaite, l'amour infini; si ce n'est ce cœur qui a tant aimé les hommes, ce feu que Jésus-Christ est venu apporter sur la terre, et qui doit l'embraser tout entière (1)? Et ainsi, mes Frères, il existe entre notre caractère national, les dons que Dieu lui a faits et le sacré cœur de Jésus une alliance nécessaire.

Ce qui fait la mission d'un peuple, ce sont les tradi-

(1) Ignem veni mittere in terram, et quid volo nisi ut accendatur. Luc. XII, 49.

tions de son histoire. Vous connaissez, mes Frères, notre glorieuse histoire, et je ne veux pas aujourd'hui vous faire boire jusqu'à la dernière goutte ce calice enivrant de votre gloire.

N'oublions pas que nous sommes venus ici en suppliants ; n'oublions pas que sous le fardeau de ces grandes traditions nos épaules ont plié bien souvent, et que si notre noblesse nous oblige, nous avons trahi, plus d'une fois, cette obligation sacrée. Surtout n'oublions point que ces traditions sont essentiellement chrétiennes, que Dieu a uni par elles nos destinées à son Fils et à son Eglise, aux défaites et aux victoires de la justice et de la vérité sur la terre.

Pie II louait ainsi la France : « On dirait que les Français et que leurs rois ont été choisis de Dieu pour propager l'Evangile par toute la terre ; c'est là leur plus beau titre de gloire. »

Et aujourd'hui encore c'est vers la France seule que le Vicaire de Jésus-Christ tourne ses regards et ses espérances ; c'est la France que son amour distingue parmi tous les peuples, c'est la France qu'il appelait naguère un *pays de prédilection.*

C'est sur le sol de la France que sont nées et qu'ont pris leur essor toutes les grandes œuvres catholiques ; c'est là qu'elles viennent se retremper dans leur éternelle jeunesse. Ah ! je me souviens avec une profonde émotion du témoignage échappé à la douleur d'un vénérable évêque missionnaire revenu des Indes dans sa patrie humiliée et vaincue. Un jour apprenant une nouvelle défaite, il s'écria avec un accent qui retentit encore à mon oreille : « *Si la France est anéantie, nous n'avons plus qu'à abandonner nos missions.* »

Oh ! oui, France de Clovis et de Charlemagne, France de saint Louis et de Jeanne d'Arc, France de saint Vincent de Paul et des sœurs de Charité, France de la Propagation de la Foi, des Ecoles d'Orient et de la Sainte-Enfance, France des Frères des écoles chrétiennes et des Petites Sœurs des pauvres, France des Croisés et des zouaves pontificaux, France de Lourdes et de Paray-le-Monial, ah ! tu es bien la France du Sacré-Cœur.

Ce qui fait la mission d'un peuple, c'est l'appel de Dieu ; car Dieu appelle les peuples comme il appelle les astres ; il les fait monter dans la prospérité et la gloire aux horizons de l'histoire ; et au jour de sa vengeance il les fait disparaître dans le crépuscule de la décadence ou dans la nuit des hontes éternelles.

Il faut que Dieu se choisisse un apôtre parmi les nations ; il le faut, non pas sans doute que sa toute puissance réclame un pareil secours, mais parce qu'il l'a voulu ainsi dans les desseins de sa sagesse, et dans l'ordre établi par sa Providence. Il a appelé autrefois le peuple juif à cette mission privilégiée, et sous la Loi de l'Evangile et de l'amour il a appelé la France.

Il faut à Dieu un bras, une épée et un cœur pour l'aider dans l'accomplissement des œuvres de sa miséricorde et protéger la sainte faiblesse de son Eglise.

Et qui donc, à cette heure, lui offrira ce bras, cette épée et ce cœur ? Sera-ce l'Espagne, l'Espagne livrée à l'anarchie et déchirée par des luttes sanglantes ? L'Autriche, affaiblie, divisée et hésitante ? L'Italie, aveugle et ingrate, qui jette l'outrage à sa dernière grandeur vivante ! Sera-ce l'Angleterre qui a oublié son titre glorieux d'*Ile des Saints?* L'Allemagne, qui retourne toutes les forces et toutes les ruses de sa politique contre l'Eglise de Dieu ? Sera-ce la Belgique, que je salue ici avec bonheur (1). La Belgique si fidèle et si vaillante ne pourrait suffire à cette tâche...

Il reste ton bras, ton épée et ton cœur, ô Fille aînée de l'Eglise. Ton bras, il faut le fortifier par une éducation virile et chrétienne. Repousse loin de toi le sensualisme qui énerve les corps et abaisse les âmes. Crois-moi, repousse loin de toi et de tes fils, les voluptés qui souillent, qui affaiblisent et qui tuent. Ton épée, il faut la retremper dans le courage chrétien et dans une discipline inflexible. Ton cœur, ah ! ton cœur, il faut le purifier et l'embraser au contact du cœur de Jésus-Christ !

Et maintenant, France, unis ta mission à celle de Jésus-Christ. France, chevalier de Dieu, prends ton glaive dans ta force: *accingere, gladio tuo super femur tuum* (2). Et dans cette beauté qui te vient des dons divins, dans ces clartés rayonnantes de ton histoire, dans les splendeurs de ton apostolat, *specie tuâ et pulchritudine tua* (3), marche sans crainte, marche dans la prospérité et dans l'honneur ; quand tu te domineras toi-même, tu seras la reine des nations: *Intende,*

____

(1) Les pèlerins belges venaient d'arriver à Paray-le-Monial.

(2) (3) Psal. xliv, 5, 6.

prospere procede et regna (1). Vas travailler, combattre et souffrir pour la vérité, pour la miséricorde, pour la justice : *propter veritatem et mansuetudinem et justitiam* (2). Et alors ton bras devenu invincible ouvrira devant toi des chemins sur lesquels te saluera à jamais l'admiration de l'univers, *et deducet te mirabiliter dextera tua* (3).

III

Il me reste à vous dire en quelques paroles ce que le Sacré-Cœur est pour la France dans l'abîme de ses malheurs.

La France, dans l'abîme de ses malheurs, avait besoin d'espérance ; car nous ne faisons rien ici-bas sans l'espérance ; et un écrivain illustre a dit admirablement : « Elle est divine cette religion qui fait de l'espérance une vertu. »

Oui, il fallait après de si cruelles humiliations que l'espoir revînt à toutes les âmes abattues, à tous les cœurs brisés, l'espoir du pardon accordé par une miséricorde sans limites. La tendresse de la mère de Dieu, saluée par les acclamations de l'Église et de la France, pouvait nous laisser hésiter encore, c'était l'arc-en-ciel qui présageait des jours plus heureux, c'était l'aurore qui annonçait le soleil ardent de l'amour infini. Ce signe de toute consolation est apparu ! C'est le cœur de Jésus, c'est ce cœur si doux, si suave pour toutes les infortunes et dont les miséri-

(1) (2) Psal. xliv, 5, 6.
(3) *Ibid.*, 6.

cordes surpassent toutes les œuvres : *Suavis Dominus universis, et miserationes ejus super omnia opera ejus* (1).

Il fallait à ce peuple écrasé dans l'opprobre un réparateur capable de relever ses ruines, un sauveur qui vînt guérir ses plaies saignantes; il fallait un maître qui lui apprît les chemins du repentir et de l'innocence, un rédempteur qui effaçât ses iniquités. Il n'y a qu'un réparateur, qu'un maître, qu'un sauveur ; il n'y a qu'un rédempteur, c'est le Dieu d'amour dont le cœur a connu toutes les amertumes (2), c'est le roi plein de mansuétude (3), le Dieu qui a pleuré sur les malheurs de sa patrie ingrate et obstinée. Il n'y a qu'une source d'espérance, c'est le cœur de Jésus-Christ. Écoutez les promesses du Fils de Dieu lui-même à la bienheureuse Marguerite-Marie : « Je prépare toutes choses. La France sera consacrée à mon divin cœur, et toute la terre se ressentira des bénédictions que je répandrai sur elle. La foi et la religion refleuriront en France par la dévotion à mon divin cœur ». Écoutez encore les paroles de Pie IX, du Vicaire de Jésus-Christ : « L'Église et la Société n'ont d'espérance que dans le cœur de Jésus, c'est lui qui guérira tous nos maux. Prêchez partout cette dévotion, elle doit être le salut du monde. »

Mais avec l'espérance il nous fallait encore l'énergie et le courage.

______

(1) Ps. XLIV, 9.
(2) Cor quod novit amaritudinem. Prov. XIV, 10.
(3) Matth. XXI, 5.

Ne vous trompez pas, ce qui manque à notre pays, ce n'est pas le courage des champs de bataille, ce courage ne lui a jamais manqué, même aux époques les plus malheureuses de son histoire. Ce qui nous manquait, c'était le courage civil et le courage religieux. Le courage dans les devoirs de la vie civile, c'est l'énergie des âmes qui savent se dévouer, se taire et attendre, qui bravent sans hésiter les erreurs et les accusations insensées de l'opinion publique, et méprisent cette popularité éphémère qui impose trop souvent des sacrifices dont la conscience et l'honneur ne se consolent jamais. Mais ce courage exige évidemment les fortes croyances, l'espérance d'une patrie meilleure, et une confiance inébranlable dans cette justice qui jujugera les justices de ce monde. Il nous fallait le courage des convictions religieuses, non plus dérobées à tous les regards sous le toit domestique, mais manifestées au grand jour dans des actes solennels. L'incrédulité a eu trop longtemps le privilége de toutes les audaces, le Christ devait trouver enfin dans tous les rangs de la société de courageux confesseurs de la foi. Il fallait que le respect humain fût définitivement vaincu et que cette apostasie de la lâcheté ne reparût plus sur la terre de France.

Oui, ce double courage manquait à notre pays, et voilà pourquoi l'erreur et le mal ont fait tant de ravages, ont réalisé tant de conquêtes; voilà pourquoi notre France a été châtiée, humiliée, presque anéantie.

Mais pour donner à toutes les âmes la virilité et l'énergie, il fallait toucher et transformer son cœur, il fallait rapprocher ce cœur du cœur divin qui a formé les âmes des saints, ces âmes les plus douces, les plus fortes et les plus vaillantes. Il fallait remplir le cœur de ce peuple de l'amour qui est fort comme la mort. *Fortis ut mors dilectio* (1).

La France avait besoin de charité, parce qu'elle a besoin de l'union et de la paix. C'est dans le cœur de Jésus que tous doivent s'unir. Ah! que nul d'entre nous ne quitte cette ville privilégiée sans emporter dans son âme la flamme de la charité qui vient du cœur du Maître et du Sauveur de tous. Oh! oui, aimons comme Jésus-Christ a aimé, aimons les pauvres, les infortunés, tous ceux qui souffrent, tous ceux qui pleurent. Aimons avec plus de tendresse ceux qui sont plus égarés, ceux qui nous persécutent et nous maudissent. O Cœur de Jésus, faites disparaître la haine, appaisez toutes les dissensions qui déchirent notre malheureuse patrie. Ramenez à vous tous les cœurs, selon votre promesse, dans les liens de votre charité. « *Traham eos in vinculis charitatis* (2). Et s'il faut pour cela, ô mon Dieu, nos travaux, nos souffrances et notre sang, nous les donnerons avec joie.

Il fallait enfin à notre patrie et à ce siècle une grande révélation et comme une grande explosion de la vie surnaturelle.

Le naturalisme nous envahissait de toutes parts; sous son souffle glacé les croyances fondamentales elles-mêmes menaçaient de s'éteindre. Il était néces-

(1) Cant. VIII, 6.
(2) Isaias, XI, 4.

saire de rappeler par des signes éclatants aux générations contemporaines que l'horizon étroit et sombre de cette vie n'est pas toute leur destinée, et que le plus grand des crimes est d'ensevelir les âmes dans les ténèbres et la boue de cette terre. Il était nécessaire de rappeler aux peuples que la vie surnaturelle doit les pénétrer, et qu'elle est la seule séve capable de leur donner là fécondité, la puissance et la gloire. Les législateurs oubliaient que les principes de la vie chrétienne sont aussi les principes de la vie sociale, que l'Évangile a créé la civilisation dont ils sont si fiers et que l'Église est la mère des nations modernes.

Mais pour que cette vie surnaturelle se répandît à flots, pour qu'elle pût pénétrer jusqu'aux derniers rangs et monter jusque sur les hauteurs sociales, il fallait ouvrir sur la France et sur l'humanité la source intarissable de toutes les grâces divines, de tous les trésors célestes, le cœur de Jésus-Christ. C'est de ce cœur ouvert par la lance du soldat romain que sont sortis les sacrements et l'Église elle-même, c'est de ce cœur que jaillit le fleuve impétueux qui réjouit la cité de Dieu, « *Fluminis impetus lœtificat civitatem Dei* (1). C'est le puits de Jacob d'où sortent les eaux qui jaillissent jusqu'à la vie éternelle, et dans la Jérusalem du bonheur c'est de ce cœur que sortent les torrents de volupté et de vie qui enivrent les élus, « *Torrente voluptatis tuœ potabis eos* (2).... »

Mais il faut finir, il faut quitter ce sol béni ; nous

(1) Ps. XLV, 5.
(2) Psal. XXXV, 9.

retournons dans nos montagnes, nous dirons à nos
populations si chrétiennes l'enthousiasme de vos fêtes,
nous leur dirons nos espérances et nos joies, oui, nos
espérances et nos joies, et je veux finir par une parole
d'espérance. Je la vois cette France nouvelle, cette
France régénérée par l'amour infini. Qu'elle est belle,
qu'elle est puissante, cette France devenue pour jamais l'auxiliaire de Dieu et la libératrice des âmes!
Qu'elle est belle, qu'elle est puissante la France du
Sacré-Cœur!...

Hier, lorsque nous étions emportés vers vous sur les
chars de feu de l'industrie moderne, une pensée tra-
versait mon esprit. Je pensais à cette goutte d'eau
qui repose dans le calice de la fleur des champs, qui
tremble sur la feuille des bois, qui disparaît aux pre-
miers rayons de l'aurore ; et pourtant réunissez ces
gouttes d'eau, réchauffez-les par la flamme et voyez
maintenant ces convois qui emportent des multitudes
immenses à travers les flancs ouverts de nos montagnes
et par-dessus les abîmes. Nos cœurs ne sont que des
gouttes d'eau imperceptibles et impuissantes par elles-
mêmes. Mais réunissez ces cœurs, réchauffez-les, em-
brasez-les au contact du cœur de Jésus-Christ. Ah !
ce n'est pas assez, prenez cet océan qui se nomme le
cœur de la France, océan mobile, agité, frémissant
sous tous les vents qui passent, océan qui a ses tem-
pêtes et ses fureurs aveugles. Fidèles de France, prêtres de France, évêques de France, prenez cet océan,
prenez ce cœur, approchez-le du cœur de Jésus, ré-
chauffez-le à ces flammes divines, et maintenant

voyez la France entraînant avec elle l'humanité par-dessus toutes les montagnes de l'orgueil, par-dessus toutes les barrières de la tyrannie, par-dessus tous les abîmes de l'erreur, à ces rivages où Dieu nous appelle et nous attend... Alors le cri de vos âmes aura été entendu. Dieu aura *sauvé Rome et la France* et par elle l'humanité *au nom du Sacré-Cœur* (1).

(1) Paroles du cantique de Paray-le-Monial.

LE

MISERERE DE LA FRANCE

INTRODUCTION

A cette heure où tant de prières montent vers Dieu, de tous les points de la France, pour implorer sa miséricorde, nous avons pensé qu'aucune d'entre elles ne pouvait égaler par sa puissance les paroles inspirées du Roi-Prophète, les supplications du *Miserere*. Nous avions publié un commentaire de ce chant sublime de la pénitence et de l'amour en 1871, lorsque l'Assemblée Nationale prescrivit des prières pour le salut de notre patrie infortunée. Nous le publions de nouveau à la suite de l'allocution que nous avons prononcée à Paray-le-Monial.

Le *Miserere* est bien la prière que la France coupable et repentante doit adresser au cœur adorable de Jésus; et quels que soient les signes consolants de l'heure présente, les périls sont encore nombreux et menaçants. Bientôt ce chant se fera entendre de nouveau dans toutes les églises de France, lorsque l'Assemblée Nationale reprendra ses travaux qui, plus que jamais, seront décisifs pour notre avenir.

Puissions-nous tous reconnaître dans les accents du roi pénitent l'expression de notre repentir et aussi de cette confiance qui renaît dans tous les cœurs! Puisse ce commentaire, malgré son imperfection, faire comprendre à la Fille aînée de l'Église, à cette grande et chère nation ses fautes et sa mission providentielle! Puisse-t-il contribuer à ramener les âmes troublées et hésitantes sur les chemins bénis de la miséricorde et de l'espérance!

L'Assemblée nationale, par un acte solennel qui apparaît comme un éclair de foi et d'honneur au sein de nos ténèbres, vient de demander des *« prières publiques pour supplier Dieu d'apaiser nos guerres civiles et de mettre un terme aux maux qui nous affligent. »*

La prière qui nous est demandée, la prière qui va monter vers Dieu de tous les points de la France, ah ! ce n'est pas le *Te Deum* de la victoire que nous avions espérée, ce n'est pas le chant joyeux du triomphe, c'est la supplication du faible, c'est le sanglot de la douleur et de l'angoisse, c'est le cri des vaincus. Disons donc, non pas seulement dans l'enceinte de nos temples, mais dans le secret de nos demeures désolées, disons, l'âme en deuil, le cœur brisé, et pourtant avec confiance et espoir, disons puisqu'il le faut, disons le *Miserere* de la France :

I

Ayez pitié de moi, Seigneur, ayez pitié de moi dans votre grande miséricorde.

Ayez pitié de moi, parce que vous êtes le seul bon, le seul puissant, le seul miséricordieux.

Ayez pitié de moi, puisque l'ennemi triomphant a été sans entrailles ; ayez pitié de moi, puisque l'Europe égoïste et avilie a vu sans émotion nos humiliations et nos désastres, puisque les nations pour lesquelles j'ai donné mon or et mon sang sont restées l'arme au bras pour contempler notre ruine. Ayez pitié de nous, puisque les enfants de la France n'ont pas arrêté, devant la majesté de sa douleur, leurs mains parricides ; ayez pitié de nous, et ne nous laissez pas descendre dans les profondeurs de l'abîme.

Ayez pitié de nous, vous, Seigneur, qui avez aimé votre patrie et qui avez pleuré sur elle. Quand des hauteurs des collines de Jérusalem, vous regardiez la ville sainte, mais aussi la ville ingrate et obstinée, vous lui adressiez à travers vos larmes cet appel de votre tendresse : Jérusalem, Jérusalem, toi qui tues les prophètes et qui lapides ceux qui sont envoyés vers toi, combien de fois j'ai voulu rassembler tes enfants comme la poule rassemble ses petits sous ses ailes, et tu ne l'a pas voulu (1).

O mon Dieu, en regardant aujourd'hui du haut de ces collines, la capitale dévastée de la France : vous pouvez lui dire : O ville de Paris, ville des grandes vertus, des grands crimes et des grandes expiations, qui tues les pontifes et les apôtres que j'ai envoyés vers toi, combien de fois j'ai voulu rassembler tes enfants sous les ailes de ma charité, et tu ne l'a pas voulu... O ville de Paris, il y a quelques années, ton pontife tombait, frappé par une main française, tandis qu'il s'avançait, à travers l'émeute frémissante, un rameau d'olivier à la main, et il a demandé que son sang fût le dernier versé ; et la guerre civile a reculé vaincue par cette grande victime.

Naguère son successeur succombait sous le poignard d'un assassin, et son sang inondait le parvis du sanctuaire. Et hier encore, le dernier de tes archevêques et avec lui des prêtres vénérables, après avoir été torturés dans tes cachots comme de vils malfaiteurs,

(1) Evangile selon saint Matt., chap. xxiii, v. 37; selon saint Luc, chap. xiiiv, v. 34.

sont tombés sous les balles de ces bourreaux qui se disent des soldats...

Ayez pitié, mon Dieu, de cette cité coupable, dans votre grande miséricorde ; étendez sur elle les ailes de votre protection et la puissance de votre tendresse.

II

Et effacez mon iniquité par l'immensité de vos bontés infinies.

Oui, mon Dieu, il faut votre bonté infinie pour effacer nos crimes. Les hommes ne peuvent rien pour nous, vous seul pouvez nous pardonner et nous sauver. Des siècles de vertus, d'honneur et de gloire ne suffiraient pas à effacer nos humiliations, nos hontes et nos crimes. Vous seul pardonnez toujours au repentir ; vous effacerez, par votre miséricorde sans limite, nos iniquités sans nombre.

III

Lavez-moi, lavez-moi encore de mes iniquités, purifiez-moi de mon péché.

Ce n'était pas assez, mon Dieu, pour me purifier ; ce n'était pas assez de tous ces flots de sang versés sur les champs de bataille, de ce sang versé par nos soldats valeureux dans ces luttes sans espoir : *Amplius lava me.* Ce n'était pas assez des larmes des orphelins, des épouses et des mères, de ces flots de mitraille qui ont passé sur nos villes ravagées : *Amplius lava me.* Il fallait donc la purification des flammes venge-resses dans la Babylone moderne, il fallait le sang de tant de victimes innocentes, le sang des pontifes et des prêtres, le sang de ces religieux frappés à mort au moment où ils venaient de recueillir leurs assassins sur le champ de bataille : *Amplius lava me.* Oui, pu-rifiez-moi, Seigneur, afin que la France retrouve dans ses épreuves la robe blanche du baptistère de Reims : *Et a peccato meo munda me.*

IV

Je connais, je reconnais mon iniquité, et mon péché est toujours contre moi.

Mon iniquité, c'est l'orgueil qui m'a aveuglée, c'est l'orgueil qui a soulevé contre moi la jalousie des na-tions ; l'orgueil qui ne doutait jamais de la victoire ; l'orgueil qui croyait que de la Méditerranée à l'Océan, de la Manche aux Pyrénées, la perfection était partout sur le sol de la France ; l'orgueil qui méprisait les avertissements de votre bonté et les coups de foudre de votre justice.

Mon iniquité, c'est le sensualisme abject qui a in-fecté toutes les classes sociales, qui a déshonoré la lit-térature, l'industrie et les arts ; c'est ce luxe effréné, instrument irrésistible de la dépravation universelle.

Mon iniquité, c'est l'athéïsme d'une science orgueilleuse qui blasphème toujours, et qui maudit ce qu’elle ne connaît pas ; c’est l’athéisme d’une politique qui croit à la force et qui ne croit pas à la vertu et à la Providence.

Mon iniquité, c’est le scandale de ces impudeurs s’étalant sur la scène française, où nos pères avaient admiré les chefs-d’œuvre de notre littérature nationale ; c’est le crime de tant d’écrivains s’efforçant de ravir au peuple toutes les croyances salutaires, toutes les bases de l’ordre social et jusqu’à la notion de tous les droits ; c’est cette soif ignoble de l’or, de l’or qui spécule sur la faiblesse et le déshonneur, de l’or qui ravit par des spéculations iniques à cent familles désespérées, des fortunes qui s’entassent en un jour dans une seule main ; la soif ignoble de l’or, qui achète les consciences et qui donne le vertige aux artistes et aux écrivains avilis.

Mon iniquité, c’est l’abandon du Pontife suprême et du Père universel.

Ah ! oui, je connais mon iniquité, et mon péché est toujours contre moi : *Peccatum meum contra me est semper*.

Il était contre moi dans cet étrange aveuglement qui a préparé cette guerre lamentable, dans cet aveuglement qui a dispersé une armée si peu nombreuse sur une étendue immense, en face de ces hordes innombrables marchant sous une seule impulsion et forçant toutes les barrières de la Patrie. Il était contre moi dans ces quatre-vingt-cinq combats toujours malheureux, dans ces surprises irréparables, dans ces indécisions que rien ne faisait pressentir, dans ces coïncidences prodigieuses qui, bon gré mal gré, s'imposent à toutes les âmes : *Peccatum meum contra me est semper.*

En vain les soldats de la France ont marché comme toujours, sans compter la multitude des ennemis ; en vain, ils se sont précipités l'épée à la main sur ces batteries foudroyantes qui couchaient à terre des bataillons entiers ; en vain, plus d'un chef héroïque a combattu au premier rang, bravant et sollicitant la mort; en vain la France s'est levée pour défendre son drapeau abattu et son sol profané, la confusion a été partout, l'impuissance sans remède, la défaite sans espoir. *Mon péché était toujours contre moi.*

Il était contre moi à Reichsoffen et à Forbach, à Beaumont, à Sedan et à Metz, à Arthenay, au Mans et à Saint-Quentin; il était contre moi de Wissembourg à Montmartre, de Strasbourg en ruines jusqu'à Paris, dominé par des barbares et livré aux flammes par les sauvages du XIXe siècle : *Peccatum meum contra est semper.*

Ah ! ceux qui ne savent pas lire ces enseignements terribles, écrits en lettres de sang et de feu, ils sont incapables de voir la lumière du jour. Et maintenant, rois, comprenez ; instruisez-vous, arbitres du monde : *Et nunc, reges, intelligite; erudimini qui judicatis terram* (1).

(1) Psaume II, v. 10.

V

J'ai péché contre vous seul et j'ai fait le mal en votre présence ;

Parce que vous êtes le seul maître, le seul seigneur, le juge puissant et inévitable. J'ai fait le mal en votre présence, parce que votre regard pénètre tous les secrets, et votre main, quand elle le veut, déchire tous les voiles. Votre regard a pénétré partout, et partout il a vu l'iniquité. Il l'a rencontrée dans ces antres ténébreux où se préparent les projets homicides, dans la demeure somptueuse, dans la chaumière et la mansarde, dans les constitutions des peuples et au foyer domestique ; c'est pourquoi votre main nous frappe pour nous avertir, elle nous blesse pour nous guérir et nous sauver.

Et ainsi vous justifiez vos enseignements, et vous triomphez lorsque les hommes examinent vos œuvres. Combien de fois vous nous avez rappelé vos paroles par des voix éloquentes, par des faits éclatants, par toutes les révélations de l'histoire, et maintenant vous nous avez montré que vous êtes le seul vainqueur, et que vous brisez dans vos jugements formidables les plus fières nations, afin de rappeler ces oracles de vos saintes Écritures : La justice élève les nations et le péché les ensevelit dans l'indigence, l'infortune et la honte : *Justitia elevat gentes ; miseros autem facit populos peccatum* (1).

(1) *Proverbes*, chap. XIV, v. 34,

VI

*Car voici que j'ai été conçue dans l'iniquité et ma mère
m'a conçue dans le péché.*

Ayez pitié de nous, car cette génération malheureuse a été formée dans l'iniquité, préparée par des
enseignements indignes de la France. Rendez, ô grands
coupables, rendez aux pères de famille la plus sacrée
des libertés, la liberté d'élever leurs enfants, et de
choisir leurs maîtres, la liberté de les préserver de ces
enseignements qui insultent tout ce qui est respec-
table et sacré. Ainsi la France a conçu cette génération dans le péché; ainsi cette génération a grandi
sous des influences funestes; ainsi elle s'est égarée
loin des voies de la vérité.

VII

*Car vous aimez la vérité, et vous m'avez manifesté les
desseins obscurs et cachés de votre sagesse.*

Vous aimez la vérité, et tôt ou tard vous la défendez
et vous la vengez contre les blasphémateurs; bien plus
vous êtes vous-même la vérité éternelle, substantielle
et vivante. Vous avez établi votre Eglise pour ensei-
gner la vérité, pour la répandre par la parole, par les
œuvres et par son sang, jusqu'aux extrémités du
monde et jusqu'au dernier jour des siècles, et vous
frappez dans votre vengeance les aveugles qui la re-
poussent et la persécutent.

Vous nous avez manifesté les secrets de votre sagesse, le but divin de nos épreuves. Nous sommes les témoins désolés de ces révélations terribles qui éclatent dans l'épouvante et la ruine... Ces secrets, nous devons les connaître, car maintenant ils sont évidents pour quiconque croit à votre puissance et aux exécutions de votre infaillible justice.

VIII

Vous m'arroserez avec l'hysope et je serai purifiée ; vous me laverez, et je serai plus blanche que la neige.

Le Roi-Prophète, ô mon Dieu, invoquait les purifications et les sacrifices imparfaits de la loi ancienne, mais il entrevoyait aussi, dans les clartés de son inspiration, le sang de votre Fils qui devait purifier et sauver le monde ; ce sang, qui chaque jour coule sur nos autels, qui coule sur toutes les âmes désolées, sur les âmes des guerriers qui sont morts pour la défense de la Patrie, sur toutes les âmes égarées, le sang de votre cœur divin.

Que ce sang, Seigneur, parle plus haut que le sang d'Abel immolé par son frère ; qu'il parle, non pas pour la malédiction et le châtiment, mais pour le pardon, pour la purification de tous ; qu'il intercède pour les infortunés qui s'obstinent encore ; qu'il leur obtienne le repentir et l'innocence, afin que bientôt l'âme de la France, ainsi purifiée, brille blanche et sans tache, comme la neige étincelante des Alpes et des Pyrénées. *Et super nivem dealbabor.*

IX

Vous ferez entendre à mon oreille les chants de la gaîté et de la joie, et mes os humiliés tressailleront d'allégresse.

Après les blasphèmes, les cris de rage, les gémissements des mourants et les sanglots de tous, après le bruit horrible de tous les instruments de carnage et de mort, faites entendre à l'oreille de la France les cantiques de l'espérance et de la joie. Et alors la moelle même de mes os tressaillera d'allégresse : *Et exultabunt ossa humiliata.*

Alors les ossements des grands serviteurs de la Patrie tressailleront dans leur tombeau ; Clovis et Charlemagne, Jeanne d'Arc et saint Louis, Bayard et Henri IV, Turenne et Condé, puis d'autres encore, se lèveront et ils viendront avec leurs épées, leurs oriflammes et leurs drapeaux, ils viendront contempler la résurrection de la France ; et alors, consolés et heureux, ils retourneront un à un se coucher dans leurs cercueils, où l'espérance fera tressaillir leurs ossements et embaumera leurs cendres jusqu'au dernier des jours : *Et exultabunt ossa humiliata.*

X

Détournez votre visage de mes péchés, et une fois encore effacez tous mes crimes ;

Car, pour que ces désirs s'accomplissent, pour que

ma prière ardente soit exaucée, pour que la paix et le bonheur viennent s'asseoir à mes foyers désolés, il faut, Seigneur, que vous détourniez votre visage de mes péchés ; il faut qu'il ne reste plus une seule trace de mes iniquités. Je vous le demande, parce que votre bonté inspire votre puissance, parce que votre miséricorde surpasse votre justice.

XI

Créez en moi un cœur pur, ô mon Dieu, et renouvelez l'esprit de droiture et de loyauté jusqu'au fond de mes entrailles.

Créez en moi un cœur assez fort pour mépriser toutes les voluptés qui énervent les caractères, qui tuent les âmes et qui tôt ou tard couchent au tombeau les nations dans l'impuissance de la décrépitude et dans le linceul souillé d'un éternel déshonneur. Créez en moi un cœur qui se passionne pour le bien, qui s'enthousiasme pour le beau, un de ces cœurs purs auxquels vous avez promis les visions divines : *Beati mundo corde, quoniam ipsi Deum videbunt* (1).

Renouvelez en moi l'esprit de droiture et de loyauté, l'intelligence qui repousse les sophismes, qui marche, sans dévier jamais, dans les sentiers de la vérité et de la justice ; l'intelligence qui rejette loin d'elle les systèmes pervers, les doctrines subversives, les philosophies mensongères qui naissent aujourd'hui et qui mourront demain.

(1) Evangile selon saint Mathieu, ch. v, v. 8.

Inspirez-moi la politique de la loyauté et de l'honneur, la grande politique des grandes nations, la politique qui ne marche pas dans les sentiers tortueux et les voies souterraines, qui n'accepte pas le concours trompeur et criminel des légions de l'erreur et du mal.

Faites pénétrer cet esprit, Seigneur, dans les profondeurs de ma volonté et dans les entrailles mêmes de la France: *Spiritum rectum innova in visceribus meis.*

XII

Ne me rejetez pas de votre présence et ne m'enlevez pas votre Esprit-Saint.

Ne me rejetez pas comme tant de nations châtiées, pour vous avoir repoussé et maudit. Ne fuyez pas la France, emportant avec vous votre Evangile, votre croix, votre amour. Ne me rejetez pas comme l'Afrique sur laquelle, depuis douze siècles, le désert a roulé ses flots stériles et sur laquelle votre main vengeresse a poussé, depuis douze siècles aussi, les flots des Barbares. Ne me rejetez pas comme l'Orient, l'Orient, votre patrie, d'où nous est venue la lumière, l'Orient des Patriarches et des Prophètes, l'Orient consacré par tant de prodiges, illustré par tant de science, d'éloquence et de vertu, et aujourd'hui pourtant courbé dans la servitude, enseveli dans une irrémédiable abjection.

Ne me rejetez pas comme Constantinople, autrefois

la capitale de l'empire de Constantin, devenue la capitale déshonorée de l'empire de Mahomet, le centre de ce peuple vieilli, qui attend qu'une des nations vigoureuses qui veillent à ses frontières, pose sur sa poitrine haletante, non pas la pointe, mais seulement la poignée de son glaive.

Ne me rejetez pas, ne m'enlevez pas votre esprit qui fait les saints et qui préserve les peuples de la corruption, cet esprit qui nous vient de la foi catholique et de la chaire de Pierre.

XIII

Rendez-moi la joie salutaire et affermissez-moi par votre Esprit tout-puissant.

Rendez-moi, après tant de calamités, d'angoisses, et de plaisirs corrupteurs, les joies pures, les joies élevées de l'intelligence, les nobles plaisirs de la vraie science et des arts. Affermissez-nous dans nos résolutions généreuses. Que votre Esprit souffle sur la France, qu'il la pousse vers les hauteurs, vers ces régions sereines où habitent la paix et la justice, la félicité et l'honneur.

XIV

Alors j'enseignerai aux méchants vos voies, et les impies se convertiront.

Alors je me ferai l'apôtre infatigable de votre parole. La proue de mes navires ira toucher tous les rivages du monde pour y porter la vérité; mon épée et mon drapeau la protégeront jusqu'aux extrémités de la terre, et les chars de feu de l'industrie moderne emporteront avec la rapidité de la tempête (1), vers les peuples égarés, vers les tribus sans nom, les apôtres sortis de mon sein, vos missionnaires et vos martyrs.

Je mettrai dans cet apostolat glorieux les ardeurs de mon prosélytisme, les élans du caractère national, la fécondité de mes écrivains, l'éloquence de mes orateurs, et aussi la voix éclatante, irrésistible, de mes châtiments et de mes malheurs.

Je marcherai à la tête des nations, comme la fille aînée de votre Eglise, et les impies reviendront vers vous. O qu'ils seront beaux alors, qu'ils seront beaux les pieds de la France, devenue elle-même le missionnaire de Dieu, l'apôtre de la paix et des biens éternels: *Quam speciosi pedes evangelizantium pacem, evangelizantium bona* (2).

XV

Délivrez-moi, Seigneur mon Dieu, vous qui seul êtes mon salut. Délivrez-moi des crimes que j'ai commis en répandant le sang, et ma langue célèbrera votre justice.

Pardonnez-moi tant de sang répandu dans les guerres sans cesse renaissantes de ce siècle; pardonnez-moi le sang répandu pour satisfaire les rêves de

(1) *Rotæ ejus quasi impetus tempestatis.* Isaïe, ch. v, v. 28.
(2) Epitre aux Romains, ch. x, v. 15.

l'ambition ou les fureurs de la haine ; pardonnez-moi ce sang qui inonde encore, à cette heure, les ruines de ma capitale infortunée ; pardonnez-moi le sang de ces nobles victimes qui viennent de tomber en bénissant leurs bourreaux (1).

Pardonnez aux obstinés qui applaudissent à ces crimes ; pardonnez-leur, mon Dieu, le sang qu'ils voudraient répandre encore ; ramenez-les à vous par le repentir ; effacez, effacez toutes les traces sanglantes.

Et alors la langue française, cette langue si précise, si claire et si forte, cette langue, que tous les peuples entendent, bénira votre miséricorde et tous les échos de la terre rediront les cantiques de ma reconnaissance, de votre gloire et de votre justice : *Et annunbit lingua mea justitam tuam.*

XVI

Seigneur, vous ouvrirez mes lèvres, et ma bouche publiera vos louanges.

Ouvrez mes lèvres afin qu'elles laissent échapper de mon âme une prière ardente ; ouvrez-les pour la défense de vos droits ; fermez-les aux blasphèmes qui les déshonorent, ouvrez-les pour ces grandes et solennelles supplications qui toucheront votre cœur.

Ouvrez les lèvres de tous, les lèvres des guerriers

(1) On rapporte que Mgr Darboy a béni d'une main ferme les misérables qui l'assassinaient jusqu'au moment où il a été frappé à mort.

qui vous ont invoqué dans le feu des batailles, ouvrez les lèvres des jeunes hommes qui sont l'espoir de l'avenir, ouvrez leurs lèvres pour la pureté, la vérité, la justice, afin que, sans hésitation et sans crainte, ils confessent votre foi. Ouvrez les lèvres des vieillards qui ne soupçonnaient pas que leurs derniers jours dussent être désolés par des calamités si cruelles et leurs cheveux blancs couverts des hontes de la France.

Ouvrez les lèvres des sœurs, des épouses et des mères, afin qu'elles obtiennent le courage et qu'elles implorent votre pitié. Ouvrez les lèvres de ces épouses et de ces mères, qui sont allées sur les champs de bataille, au sein des ténèbres de la nuit, à travers les gémissements des blessés et le râle des mourants, les pieds dans le sang, un flambeau dans leur main tremblante, pour visiter les cadavres livides, pour reconnaître dans ces visages mutilés par le fer, défigurés par la douleur, ceux qu'elles ont tant aimés. Ouvrez leurs lèvres, mon Dieu, afin qu'elles prient et qu'elles ne maudissent pas.

Ouvrez les lèvres des petits enfants qui élèvent vers vous leurs mains innocentes, les lèvres des orphelins qui ont perdu leur père, tombé sous les balles de l'ennemi, et qui demandent leur mère morte d'anxiété et de désespoir. Ouvrez leurs lèvres afin qu'ils intercèdent pour la patrie agonisante, afin que leur infortune touche tous les cœurs et que leur indigence soit soulagée ; car les orphelins de la guerre, ce sont les enfants adoptifs de la France.

Ouvrez les lèvres de ceux qui les ferment pour la prière et pour la charité et qui les ouvrent pour glorifier les assassins et pour vous maudire, afin qu'eux aussi reconnaissent leurs erreurs et qu'ils publient vos louanges : *Labia mea aperies et os meum annuntiabit laudem tuam.*

XVII

Car si vous aviez désiré un sacrifice, je vous l'aurais offert, mais vous ne prendrez point plaisir aux holocaustes.

Je vous aurais offert d'autres sacrifices encore après tant de sacrifices si cruels, j'aurais incliné ma tête sous votre main, j'aurais consenti à l'immolation de victimes pures et saintes ; mais, ô mon Dieu, c'est assez d'immolations douloureuses, vous ne voulez plus ces sacrifices sanglants.

XVIII

Le sacrifice qui vous est agréable, ô mon Dieu, c'est le sacrifice d'un esprit effrayé par tant de désastres. Vous ne mépriserez pas mon cœur brisé et humilié.

Ce sacrifice que vous demandez, ah ! il m'a bien coûté, vous m'avez frappée dans mon orgueil, dans mes rêves de gloire et de domination ; vous m'avez troublée par des craintes terribles. Je ne vous refuse rien, j'adore votre volonté sainte : voici mon cœur écrasé par l'humiliation, broyé sous l'étreinte du malheur. Vous ne refuserez pas ce sacrifice, vous ne le rejeterez pas, puisque vous me l'avez demandé.

XIX

*Seigneur, faites du bien à Sion, selon votre volonté misé-
ricordieuse, afin que les murs de Jérusalem soient rebâtis.*

Puisque vous voulez bien accepter ce sacrifice,
maintenant et sans retard comblez de bienfaits cette
nation infortunée, qui est encore votre peuple. Suivez
les inspirations de votre bonté infinie, mettez votre
bonheur à réparer mes ruines, afin que les murs de
ma capitale dévastée soient rebâtis, afin que ces murs,
renversés par la mitraille, et noircis par l'incendie, se
relèvent dans la paix et la gloire : *Ut ædificentur muri
Jerusalem.*

XX

*Alors vous accepterez le sacrifice de justice, les oblations
et les holocaustes, et les victimes seront immolées sur vos
autels.*

Alors les âmes justes, les âmes purifiées vous pré-
senteront leurs offrandes et leurs holocaustes; alors, la
France tout entière entourera vos autels et vous offrira
dans des actions de grâces solennelles l'Agneau sans
tache, dont les victimes de la loi ancienne n'étaient
que la figure imparfaite.

Oui, comme l'enfant prodigue, la France éclairée
par ses malheurs, la France appauvrie, dépouillée par
ses ennemis, la France enveloppée dans ses étendards
en lambeaux, reviendra vers vous, et vous la recevrez
dans les bras de votre tendresse. Vous lui préparerez

le festin joyeux du retour, vous lui rendrez la robe de son innocence : vous mettrez à sa main l'anneau d'une alliance éternelle, à ses pieds les chaussures qui affermiront ses pas dans les sentiers de votre justice. Et si quelques-uns murmurent de la splendeur de ces fêtes de votre misericorde, vous direz avec le père de famille : Mon fils était mort, il est ressuscité, il était perdu et il est retrouvé (1). »

(1) Evangile selon saint Luc, ch. xv.

PARIS. — E. DE SOYE ET FILS, IMPR., 5, PL. DU PANTHÉON.

www.ingramcontent.com/pod-product-compliance
Lightning Source LLC
Chambersburg PA
CBHW051721070726
47594CB00018B/1546